Personal Information

Name ....

Phone ....

Email ....

Address ....

Important Dates

....

....

....

....

....

....

Notes

....

....

....

....

....

....

....

....

....

....

Susan Says

Cover and page design by Susan Villas Lewis - http://susanvillaslewis.com

2020

January

S	M	T	W	T	F	S
			1	2	3	4
5	6	7	8	9	10	11
12	13	14	15	16	17	18
19	20	21	22	23	24	25
26	27	28	29	30	31	

February

S	M	T	W	T	F	S
						1
2	3	4	5	6	7	8
9	10	11	12	13	14	15
16	17	18	19	20	21	22
23	24	25	26	27	28	29

March

S	M	T	W	T	F	S
1	2	3	4	5	6	7
8	9	10	11	12	13	14
15	16	17	18	19	20	21
22	23	24	25	26	27	28
29	30	31				

April

S	M	T	W	T	F	S
			1	2	3	4
5	6	7	8	9	10	11
12	13	14	15	16	17	18
19	20	21	22	23	24	25
26	27	28	29	30		

May

S	M	T	W	T	F	S
					1	2
3	4	5	6	7	8	9
10	11	12	13	14	15	16
17	18	19	20	21	22	23
24	25	26	27	28	29	30
31						

June

S	M	T	W	T	F	S
	1	2	3	4	5	6
7	8	9	10	11	12	13
14	15	16	17	18	19	20
21	22	23	24	25	26	27
28	29	30				

July

S	M	T	W	T	F	S
			1	2	3	4
5	6	7	8	9	10	11
12	13	14	15	16	17	18
19	20	21	22	23	24	25
26	27	28	29	30	31	

August

S	M	T	W	T	F	S
						1
2	3	4	5	6	7	8
9	10	11	12	13	14	15
16	17	18	19	20	21	22
23	24	25	26	27	28	29
30	31					

September

S	M	T	W	T	F	S
		1	2	3	4	5
6	7	8	9	10	11	12
13	14	15	16	17	18	19
20	21	22	23	24	25	26
27	28	29	30			

October

S	M	T	W	T	F	S
				1	2	3
4	5	6	7	8	9	10
11	12	13	14	15	16	17
18	19	20	21	22	23	24
25	26	27	28	29	30	31

November

S	M	T	W	T	F	S
1	2	3	4	5	6	7
8	9	10	11	12	13	14
15	16	17	18	19	20	21
22	23	24	25	26	27	28
29	30					

December

S	M	T	W	T	F	S
		1	2	3	4	5
6	7	8	9	10	11	12
13	14	15	16	17	18	19
20	21	22	23	24	25	26
27	28	29	30	31		

2021

January

S	M	T	W	T	F	S
					1	2
3	4	5	6	7	8	9
10	11	12	13	14	15	16
17	18	19	20	21	22	23
24	25	26	27	28	29	30
31						

February

S	M	T	W	T	F	S
	1	2	3	4	5	6
7	8	9	10	11	12	13
14	15	16	17	18	19	20
21	22	23	24	25	26	27
28						

March

S	M	T	W	T	F	S
	1	2	3	4	5	6
7	8	9	10	11	12	13
14	15	16	17	18	19	20
21	22	23	24	25	26	27
28	29	30	31			

April

S	M	T	W	T	F	S
				1	2	3
4	5	6	7	8	9	10
11	12	13	14	15	16	17
18	19	20	21	22	23	24
25	26	27	28	29	30	

May

S	M	T	W	T	F	S
						1
2	3	4	5	6	7	8
9	10	11	12	13	14	15
16	17	18	19	20	21	22
23	24	25	26	27	28	29
30	31					

June

S	M	T	W	T	F	S
		1	2	3	4	5
6	7	8	9	10	11	12
13	14	15	16	17	18	19
20	21	22	23	24	25	26
27	28	29	30			

July

S	M	T	W	T	F	S
				1	2	3
4	5	6	7	8	9	10
11	12	13	14	15	16	17
18	19	20	21	22	23	24
25	26	27	28	29	30	31

August

S	M	T	W	T	F	S
1	2	3	4	5	6	7
8	9	10	11	12	13	14
15	16	17	18	19	20	21
22	23	24	25	26	27	28
29	30	31				

September

S	M	T	W	T	F	S
			1	2	3	4
5	6	7	8	9	10	11
12	13	14	15	16	17	18
19	20	21	22	23	24	25
26	27	28	29	30		

October

S	M	T	W	T	F	S
					1	2
3	4	5	6	7	8	9
10	11	12	13	14	15	16
17	18	19	20	21	22	23
24	25	26	27	28	29	30
31						

November

S	M	T	W	T	F	S
	1	2	3	4	5	6
7	8	9	10	11	12	13
14	15	16	17	18	19	20
21	22	23	24	25	26	27
28	29	30				

December

S	M	T	W	T	F	S
			1	2	3	4
5	6	7	8	9	10	11
12	13	14	15	16	17	18
19	20	21	22	23	24	25
26	27	28	29	30	31	

JANUARY

january

Sun	Mon	Tues	Wed	Thurs
			1	2
5	6	7	8	9
12	13	14	15	16
19	20	21	22	23
27	27	28	29	30

Fri	Sat
3	4
10	11
17	18
24	25
31	

goals

events

tasks

JANUARY

30
monday

31
tuesday

1
wednesday

2
thursday

3

friday

4

saturday

5

sunday

S	M	T	W	T	F	S
			1	2	3	4
5	6	7	8	9	10	11
12	13	14	15	16	17	18
19	20	21	22	23	24	25
26	27	28	29	30	31	

JANUARY

6 monday

7 tuesday

8 wednesday

9 thursday

10 *friday*

11 *saturday*

12 *sunday*

S	M	T	W	T	F	S
			1	2	3	4
5	6	7	8	9	10	11
12	13	14	15	16	17	18
19	20	21	22	23	24	25
26	27	28	29	30	31	

JANUARY

13
monday

14
tuesday

15
wednesday

16
thursday

17
friday

18
saturday

19
sunday

S	M	T	W	T	F	S
			1	2	3	4
5	6	7	8	9	10	11
12	13	14	15	16	17	18
19	20	21	22	23	24	25
26	27	28	29	30	31	

JANUARY

20
monday

21
tuesday

22
wednesday

23
thursday

24
friday

25
saturday

26
sunday

S	M	T	W	T	F	S
			1	2	3	4
5	6	7	8	9	10	11
12	13	14	15	16	17	18
19	20	21	22	23	24	25
26	27	28	29	30	31	

JANUARY

27
monday

28
tuesday

29
wednesday

30
thursday

31

friday

1

saturday

2

sunday

S	M	T	W	T	F	S
			1	2	3	4
5	6	7	8	9	10	11
12	13	14	15	16	17	18
19	20	21	22	23	24	25
26	27	28	29	30	31	

FEBRUARY

Sun	Mon	Tues	Wed	Thurs
2	3	4	5	6
9	10	11	12	13
16	17	18	19	20
23	24	25	26	27

Fri	Sat
	1
7	8
14	15
21	22
28	29

goals

events

tasks

FEBRUARY

3
monday

4
tuesday

5
wednesday

6
thursday

7
friday

8
saturday

9
sunday

S	M	T	W	T	F	S
						1
2	3	4	5	6	7	8
9	10	11	12	13	14	15
16	17	18	19	20	21	22
23	24	25	26	27	28	29

FEBRUARY

10
monday

11
tuesday

12
wednesday

13
thursday

14 *friday*

15 *saturday*

16 *sunday*

S	M	T	W	T	F	S
						1
2	3	4	5	6	7	8
9	10	11	12	13	14	15
16	17	18	19	20	21	22
23	24	25	26	27	28	29

FEBRUARY

17
monday

18
tuesday

19
wednesday

20
thursday

21
friday

22
saturday

23
sunday

S	M	T	W	T	F	S
						1
2	3	4	5	6	7	8
9	10	11	12	13	14	15
16	17	18	19	20	21	22
23	24	25	26	27	28	29

FEBRUARY

24

monday

25

tuesday

26

wednesday

27

thursday

28 friday

29 saturday

1 sunday

S	M	T	W	T	F	S
						1
2	3	4	5	6	7	8
9	10	11	12	13	14	15
16	17	18	19	20	21	22
23	24	25	26	27	28	29

MARCH

march

Sun	Mon	Tues	Wed	Thurs
1	2	3	4	5
8	9	10	11	12
15	16	17	18	19
22	23	24	25	26
29	30	31		

Fri	Sat
6	7
13	14
20	21
27	28

goals

events

tasks

MARCH

2

monday

3

tuesday

4

wednesday

5

thursday

6 friday

7 saturday

8 sunday

S	M	T	W	T	F	S
1	2	3	4	5	6	7
8	9	10	11	12	13	14
15	16	17	18	19	20	21
22	23	24	25	26	27	28
29	30	31				

MARCH

9
monday

10
tuesday

11
wednesday

12
thursday

13 *friday*

---

14 *saturday*

---

15 *sunday*

S	M	T	W	T	F	S
1	2	3	4	5	6	7
8	9	10	11	12	13	14
15	16	17	18	19	20	21
22	23	24	25	26	27	28
29	30	31				

MARCH

16
monday

17
tuesday

18
wednesday

19
thursday

20 *friday*

21 *saturday*

22 *sunday*

S	M	T	W	T	F	S
1	2	3	4	5	6	7
8	9	10	11	12	13	14
15	16	17	18	19	20	21
22	23	24	25	26	27	28
29	30	31				

MARCH

23
monday

24
tuesday

25
wednesday

26
thursday

27
friday

28
saturday

29
sunday

S	M	T	W	T	F	S
1	2	3	4	5	6	7
8	9	10	11	12	13	14
15	16	17	18	19	20	21
22	23	24	25	26	27	28
29	30	31				

APRIL

Sun	Mon	Tues	Wed	Thurs
			1	2
5	6	7	8	9
12	13	14	15	16
19	20	21	22	23
26	27	28	29	30

Fri	Sat
3	4
10	11
17	18
24	25

goals

events

tasks

APRIL

30
monday

31
tuesday

1
wednesday

2
thursday

3
friday

4
saturday

5
sunday

S	M	T	W	T	F	S
			1	2	3	4
5	6	7	8	9	10	11
12	13	14	15	16	17	18
19	20	21	22	23	24	25
26	27	28	29	30		

APRIL

6
monday

7
tuesday

8
wednesday

9
thursday

10

friday

11

saturday

12

sunday

S	M	T	W	T	F	S
			1	2	3	4
5	6	7	8	9	10	11
12	13	14	15	16	17	18
19	20	21	22	23	24	25
26	27	28	29	30		

APRIL

13
monday

14
tuesday

15
wednesday

16
thursday

17 *friday*

---

18 *saturday*

---

19 *sunday*

S	M	T	W	T	F	S
			1	2	3	4
5	6	7	8	9	10	11
12	13	14	15	16	17	18
19	20	21	22	23	24	25
26	27	28	29	30		

APRIL

20
monday

21
tuesday

22
wednesday

23
thursday

24

friday

25

saturday

26

sunday

S	M	T	W	T	F	S
			1	2	3	4
5	6	7	8	9	10	11
12	13	14	15	16	17	18
19	20	21	22	23	24	25
26	27	28	29	30		

APRIL

27
monday

28
tuesday

29
wednesday

30
thursday

1 *friday*

2 *saturday*

3 *sunday*

S	M	T	W	T	F	S
			1	2	3	4
5	6	7	8	9	10	11
12	13	14	15	16	17	18
19	20	21	22	23	24	25
26	27	28	29	30		

MAY

may

Sun	Mon	Tues	Wed	Thurs
		1	2	3
3	4	5	6	7
10	11	12	13	14
17	18	19	20	21
24 / 31	25	26	27	28

Fri	Sat
1	2
8	9
15	16
22	23
29	30

goals

events

tasks

MAY

4
monday

5
tuesday

6
wednesday

7
thursday

8
friday

9
saturday

10
sunday

S	M	T	W	T	F	S
					1	2
3	4	5	6	7	8	9
10	11	12	13	14	15	16
17	18	19	20	21	22	23
24	25	26	27	28	29	30
31						

MAY

11
monday

12
tuesday

13
wednesday

14
thursday

15 *friday*

16 *saturday*

17 *sunday*

S	M	T	W	T	F	S
					1	2
3	4	5	6	7	8	9
10	11	12	13	14	15	16
17	18	19	20	21	22	23
24	25	26	27	28	29	30
31						

MAY

18
monday

19
tuesday

20
wednesday

21
thursday

22 *friday*

23 *saturday*

24 *sunday*

S	M	T	W	T	F	S
					1	2
3	4	5	6	7	8	9
10	11	12	13	14	15	16
17	18	19	20	21	22	23
24	25	26	27	28	29	30
31						

MAY

25
monday

26
tuesday

27
wednesday

28
thursday

29

friday

30

saturday

31

sunday

S	M	T	W	T	F	S
					1	2
3	4	5	6	7	8	9
10	11	12	13	14	15	16
17	18	19	20	21	22	23
24	25	26	27	28	29	30
31						

JUNE

june

Sun	Mon	Tues	Wed	Thurs
	1	2	3	4
7	8	9	10	11
14	15	16	17	18
21	22	23	24	25
28	29	30		

Fri	Sat
5	6
12	13
19	20
26	27

goals

events

tasks

JUNE

1
monday

2
tuesday

3
wednesday

4
thursday

5 *friday*

6 *saturday*

7 *sunday*

S	M	T	W	T	F	S
	1	2	3	4	5	6
7	8	9	10	11	12	13
14	15	16	17	18	19	20
21	22	23	24	25	26	27
28	29	30				

JUNE

8
monday

9
tuesday

10
wednesday

11
thursday

12 friday

13 saturday

14 sunday

S	M	T	W	T	F	S
	1	2	3	4	5	6
7	8	9	10	11	12	13
14	15	16	17	18	19	20
21	22	23	24	25	26	27
28	29	30				

JUNE

15
monday

16
tuesday

17
wednesday

18
thursday

19

friday

20

saturday

21

sunday

S	M	T	W	T	F	S
	1	2	3	4	5	6
7	8	9	10	11	12	13
14	15	16	17	18	19	20
21	22	23	24	25	26	27
28	29	30				

JUNE

22
monday

23
tuesday

24
wednesday

25
thursday

26

friday

27

saturday

28

sunday

S	M	T	W	T	F	S
	1	2	3	4	5	6
7	8	9	10	11	12	13
14	15	16	17	18	19	20
21	22	23	24	25	26	27
28	29	30				

JULY

Sun	Mon	Tues	Wed	Thurs
			1	2
5	6	7	8	9
12	13	14	15	16
19	20	21	22	23
26	27	28	29	30

Fri	Sat
3	4
10	11
17	18
24	25
31	

goals

events

tasks

JULY

29
monday

30
tuesday

1
wednesday

2
thursday

3 *friday*

4 *saturday*

5 *sunday*

S	M	T	W	T	F	S
			1	2	3	4
5	6	7	8	9	10	11
12	13	14	15	16	17	18
19	20	21	22	23	24	25
26	27	28	29	30	31	

JULY

6 monday

7 tuesday

8 wednesday

9 thursday

10 friday

11 saturday

12 sunday

S	M	T	W	T	F	S
			1	2	3	4
5	6	7	8	9	10	11
12	13	14	15	16	17	18
19	20	21	22	23	24	25
26	27	28	29	30	31	

JULY

13
monday

14
tuesday

15
wednesday

16
thursday

17
friday

18
saturday

19
sunday

S	M	T	W	T	F	S
			1	2	3	4
5	6	7	8	9	10	11
12	13	14	15	16	17	18
19	20	21	22	23	24	25
26	27	28	29	30	31	

JULY

20
monday

21
tuesday

22
wednesday

23
thursday

24

friday

25

saturday

26

sunday

S	M	T	W	T	F	S
			1	2	3	4
5	6	7	8	9	10	11
12	13	14	15	16	17	18
19	20	21	22	23	24	25
26	27	28	29	30	31	

JULY

27
monday

28
tuesday

29
wednesday

30
thursday

31
friday

1
saturday

2
sunday

S	M	T	W	T	F	S
			1	2	3	4
5	6	7	8	9	10	11
12	13	14	15	16	17	18
19	20	21	22	23	24	25
26	27	28	29	30	31	

AUGUST

Sun	Mon	Tues	Wed	Thurs
2	3	4	5	6
9	10	11	12	13
16	17	18	19	20
23	24	25	26	27
30	31			

Fri	Sat
	1
7	8
14	15
21	22
28	29

goals

events

tasks

AUGUST

3
monday

4
tuesday

5
wednesday

6
thursday

7
friday

8
saturday

9
sunday

S	M	T	W	T	F	S
						1
2	3	4	5	6	7	8
9	10	11	12	13	14	15
16	17	18	19	20	21	22
23	24	25	26	27	28	29
30	31					

AUGUST

10
monday

11
tuesday

12
wednesday

13
thursday

14 friday

15 saturday

16 sunday

S	M	T	W	T	F	S
						1
2	3	4	5	6	7	8
9	10	11	12	13	14	15
16	17	18	19	20	21	22
23	24	25	26	27	28	29
30	31					

AUGUST

17
monday

18
tuesday

19
wednesday

20
thursday

21
friday

22
saturday

23
sunday

S	M	T	W	T	F	S
						1
2	3	4	5	6	7	8
9	10	11	12	13	14	15
16	17	18	19	20	21	22
23	24	25	26	27	28	29
30	31					

AUGUST

24
monday

25
tuesday

26
wednesday

27
thursday

28 *friday*

29 *saturday*

30 *sunday*

S	M	T	W	T	F	S
						1
2	3	4	5	6	7	8
9	10	11	12	13	14	15
16	17	18	19	20	21	22
23	24	25	26	27	28	29
30	31					

SEPTEMBER

september

Sun	Mon	Tues	Wed	Thurs
		1	2	3
6	7	8	9	10
13	14	15	16	17
20	21	22	23	24
27	28	29	30	

Fri	Sat
4	5
11	12
18	19
25	26

goals

events

tasks

SEPTEMBER

31
monday

1
tuesday

2
wednesday

3
thursday

4

friday

5

saturday

6

sunday

S	M	T	W	T	F	S
		1	2	3	4	5
6	7	8	9	10	11	12
13	14	15	16	17	18	19
20	21	22	23	24	25	26
27	28	29	30			

SEPTEMBER

7
monday

8
tuesday

9
wednesday

10
thursday

11
friday

12
saturday

13
sunday

S	M	T	W	T	F	S
		1	2	3	4	5
6	7	8	9	10	11	12
13	14	15	16	17	18	19
20	21	22	23	24	25	26
27	28	29	30			

SEPTEMBER

14
monday

15
tuesday

16
wednesday

17
thursday

18
friday

19
saturday

20
sunday

S	M	T	W	T	F	S
		1	2	3	4	5
6	7	8	9	10	11	12
13	14	15	16	17	18	19
20	21	22	23	24	25	26
27	28	29	30			

SEPTEMBER

21
monday

22
tuesday

23
wednesday

24
thursday

25

friday

26

saturday

27

sunday

S	M	T	W	T	F	S
		1	2	3	4	5
6	7	8	9	10	11	12
13	14	15	16	17	18	19
20	21	22	23	24	25	26
27	28	29	30			

OCTOBER

october

Sun	Mon	Tues	Wed	Thurs
				1
4	5	6	7	8
11	12	13	14	15
18	19	20	21	22
25	26	27	28	29

Fri	Sat
2	3
9	10
16	17
23	24
30	31

goals

events

tasks

OCTOBER

28
monday

29
tuesday

30
wednesday

1
thursday

2 *friday*

3 *saturday*

4 *sunday*

S	M	T	W	T	F	S
				1	2	3
4	5	6	7	8	9	10
11	12	13	14	15	16	17
18	19	20	21	22	23	24
25	26	27	28	29	30	31

OCTOBER

5
monday

6
tuesday

7
wednesday

8
thursday

9

friday

10

saturday

11

sunday

S	M	T	W	T	F	S
				1	2	3
4	5	6	7	8	9	10
11	12	13	14	15	16	17
18	19	20	21	22	23	24
25	26	27	28	29	30	31

OCTOBER

12
monday

13
tuesday

14
wednesday

15
thursday

16

friday

17

saturday

18

sunday

S	M	T	W	T	F	S
				1	2	3
4	5	6	7	8	9	10
11	12	13	14	15	16	17
18	19	20	21	22	23	24
25	26	27	28	29	30	31

OCTOBER

19

monday

20

tuesday

21

wednesday

22

thursday

23
friday

24
saturday

25
sunday

S	M	T	W	T	F	S
				1	2	3
4	5	6	7	8	9	10
11	12	13	14	15	16	17
18	19	20	21	22	23	24
25	26	27	28	29	30	31

OCTOBER

26
monday

27
tuesday

28
wednesday

29
thursday

30
friday

31
saturday

1
sunday

S	M	T	W	T	F	S
				1	2	3
4	5	6	7	8	9	10
11	12	13	14	15	16	17
18	19	20	21	22	23	24
25	26	27	28	29	30	31

NOVEMBER

november

Sun	Mon	Tues	Wed	Thurs
1	2	3	4	5
8	9	10	11	12
15	16	17	18	19
22	23	24	25	26
29	30			

Fri	Sat
6	7
13	14
20	21
27	28

goals

events

tasks

NOVEMBER

2
monday

3
tuesday

4
wednesday

5
thursday

6 friday

7 saturday

8 sunday

S	M	T	W	T	F	S
1	2	3	4	5	6	7
8	9	10	11	12	13	14
15	16	17	18	19	20	21
22	23	24	25	26	27	28
29	30					

NOVEMBER

9
monday

10
tuesday

11
wednesday

12
thursday

13
friday

14
saturday

15
sunday

S	M	T	W	T	F	S
1	2	3	4	5	6	7
8	9	10	11	12	13	14
15	16	17	18	19	20	21
22	23	24	25	26	27	28
29	30					

NOVEMBER

16
monday

17
tuesday

18
wednesday

19
thursday

20 *friday*

21 *saturday*

22 *sunday*

S	M	T	W	T	F	S
1	2	3	4	5	6	7
8	9	10	11	12	13	14
15	16	17	18	19	20	21
22	23	24	25	26	27	28
29	30					

NOVEMBER

23
monday

24
tuesday

25
wednesday

26
thursday

27
friday

28
saturday

29
sunday

S	M	T	W	T	F	S
1	2	3	4	5	6	7
8	9	10	11	12	13	14
15	16	17	18	19	20	21
22	23	24	25	26	27	28
29	30					

DECEMBER

december

Sun	Mon	Tues	Wed	Thurs
		1	2	3
6	7	8	9	10
13	14	15	16	17
20	21	22	23	24
27	28	29	30	31

Fri	Sat
4	5
11	12
18	19
25	26

goals

events

tasks

DECEMBER

30
monday

1
tuesday

2
wednesday

3
thursday

4 friday

5 saturday

6 sunday

S	M	T	W	T	F	S
		1	2	3	4	5
6	7	8	9	10	11	12
13	14	15	16	17	18	19
20	21	22	23	24	25	26
27	28	29	30	31		

DECEMBER

7
monday

8
tuesday

9
wednesday

10
thursday

11 *friday*

12 *saturday*

13 *sunday*

S	M	T	W	T	F	S
		1	2	3	4	5
6	7	8	9	10	11	12
13	14	15	16	17	18	19
20	21	22	23	24	25	26
27	28	29	30	31		

DECEMBER

14
monday

15
tuesday

16
wednesday

17
thursday

18

friday

19

saturday

20

sunday

S	M	T	W	T	F	S
		1	2	3	4	5
6	7	8	9	10	11	12
13	14	15	16	17	18	19
20	21	22	23	24	25	26
27	28	29	30	31		

DECEMBER

21
monday

22
tuesday

23
wednesday

24
thursday

25

friday

26

saturday

27

sunday

S	M	T	W	T	F	S
		1	2	3	4	5
6	7	8	9	10	11	12
13	14	15	16	17	18	19
20	21	22	23	24	25	26
27	28	29	30	31		

DECEMBER

28
monday

29
tuesday

30
wednesday

31
thursday

1 friday

2 saturday

3 sunday

S	M	T	W	T	F	S
		1	2	3	4	5
6	7	8	9	10	11	12
13	14	15	16	17	18	19
20	21	22	23	24	25	26
27	28	29	30	31		

Notes

Notes

Notes

Notes

Notes

Notes

Notes

www.ingramcontent.com/pod-product-compliance
Lightning Source LLC
Chambersburg PA
CBHW031943170526
45157CB00012B/1012
* 9 7 8 1 0 8 0 1 5 8 3 2 4 *